شيريهان

كتبِتْها شَيْماء طارِق

Sherihan

Egyptian Arabic Reader – Book 12

by Shaimaa Tarek

lingualism

ISBN: 978-1-949650-21-1

Written by Shaimaa Tarek

Edited by Matthew Aldrich

English translation by Mohamad Osman

Cover art by Duc-Minh Vu

Audio by Heba Salah Ali

website: www.lingualism.com

email: contact@lingualism.com

Introduction

The **Egyptian Arabic Readers** series aims to provide learners with much-needed exposure to authentic language. The fifteen books in the series are at a similar level (B1-B2) and can be read in any order. The stories are a fun and flexible tool for building vocabulary, improving language skills, and developing overall fluency.

The main text is presented on even-numbered pages with tashkeel (diacritics) to aid in reading, while parallel English translations on odd-numbered pages are there to help you better understand new words and idioms. A second version of the text is given at the back of the book, without the distraction of tashkeel and translations, for those who are up to the challenge.

Visit the **Egyptian Arabic Readers** hub at **www.lingualism.com/ear**, where you can find:

- **free accompanying audio** to download or stream (at variable playback rates)

- a **guide** to the Lingualism orthographic (spelling and tashkeel) system

- a **forum** where you can ask questions about the vocabulary, grammar, etc. used in the story and help other learners

- a **blog** with tips on using our Egyptian Arabic readers to learn effectively

شيريهان

"صحّ النّوْم! تشْطيب الحوْض عليْكي النّهارْده." صوْت نور أُخْت شيريهان و هِيَّ بِتْصحّيها.

شيريهان صِحْيت و راحِت قايْلة: "يادي الحِكايَة! مِش قادْرة خالِص... عشان خاطْري شطّبي بِدالي. هسلِّفِك الفُسْتان اللي عجبِك بِتاعي."

"لوْ كده ماشي بسّ بُكْره هَيِبْقى الدّوْر عليْكي بِدالي."

"لمّا يِبْقى ييجي بُكْره يا نور."

أنا شيريهان و عنْدي ٣٠ سنة. كُنْت دايْماً و أنا في العِشْرينات بقول لِنفْسي لمّا أوْصل ل٣٠ هكون اتْجوِّزْت و خلِّفْت عيِّل أَوْ اتْنين... عايْشة مِتْهنّية... بقْبض فِلوس كْتير أوي في شُغْلي تِخلّي أكْتر حاجة مُمْكِن أحْمِل همّها إنّي ألاقي طقْم حِلْو مارْكة لِيّا و لِوْلادي.

آه... معايا فِلوس أنْزِل أعْمِل شوْپينْج كُلّ يوْم أَوْ يوْميْن... مبْسوطة أوي عنْدي واحْدة تِساعِدْني في الطّبيخ و واحْدة في التّنْضيف... ملِكة في بيْتي... متْجوِّزة راجِل وَسيم بيْحِبّني... لا بيموت فيّا... بيْجيبْلي هدايا كُلّ شْوَيّة و يِدلّعْني و يفسّحْني.

Sherihan

"Wakey, wakey! Your turn to scrub out the sink today." [That was] the voice of Nour, Sherihan's sister, as she was waking her up.

Sherihan woke up and said, "This again? I'm so tired... please scrub in my stead, pretty please! I'll lend you my dress that you like!"

"If so, fine. But tomorrow, it'll be your turn instead of mine."

"When tomorrow comes, Nour."

I am Sherihan, and I am 30 years old. When I was in my 20s, I would always say to myself, "When I reach 30, I will have married, will have had a child or two... living a pleasant life... getting paid a lot of money from my job which would make the first thing to worry about [be] finding a good attire from a brand for my children and me.

Yes, I'd have money to go shopping every day or two... happy that I have a lady to help me with the cooking and another with the cleaning... a queen in my home... married to a handsome man who loves me—no, adores me—and brings me presents every now and then, pampering me, and taking me out [on the town].

"يا ترى سرْحانة في أيه ده كُلُّه يا شيرْي؟"

"سرْحانة في خيْبْتي يا نور."

بسّ آديني تمّيْت ال٣٠ مِن أُسْبوع. جابولي تورْتة و طفّيْنا الشّمْع و بدال كُلّ اللي اتْمنّيْته بقيْت بسْمع 'عُقْبال ما تتْجوّزي... عُقْبال متْخلّفي... عُقْبال ما تِحقّقي اللي تتْمنّيه!'

محقّقتِش حاجة... و مِش بسّ كده... مِش عارْفة أعيش كُويِّس و أعْمِل أبْسط المهامّ اللي مطْلوبة منّي سَواء في الشُّغْل أَوْ البيْت... حاجة حقيقي تِحزِّن.

نور شطّبِت الحوْض و جهّزت نفْسها عشان تُخْرُج... بِفُسْتاني طبْعاً اللي ما صدّقت إنّي سلِّفْتهولْها و أنا قاعْدة أهو أتْحسّر على نفْسي. هكمِّل حسْرة أهو بسّ أقوم أعْمِلّي كوبّاية نسْكافيْه الأوّل أهو تسلّيني شُوَيّة.

بعْد شُوَيّة، مامِة شيريهان دخلِت عليْها الأوْضة بعْد ما شيريهان عملِت النّسْكافيْه و دخلِت أوْضتْها.

"يا بِنْتي يا حبيبْتي، الله يِهديكي مِش هتبْطّلي كسل بقى؟"

"يا مامي، ده مِش كسل."

"Oh, I wonder what have you been daydreaming about all this time, Sheri?"

"Daydreaming about my failure, Nour."

And yet here I am, having hit 30 a week ago. They brought me a cake, and we blew the candles, and, instead of everything I wished for, I got, "Here's to your getting married," "Here's to your having children," and "Here's to your achieving whatever you wish for!"

I achieved nothing. And not only that, I can't live well and do the most basic tasks that are demanded from me, whether it's at work or at home... truly a depressing thought.

Nour scrubbed the sink and prepared herself to go out... with my dress on, of course, over which she was ecstatic that I had lent her while I'm sitting here indulging in my own misery. I'll actually keep indulging, but first, let me go and make myself a cup of Nescafé to treat myself.

After a while, Sherihan's mother entered her room after Sherihan had made the Nescafé and gone to her room.

"Oh, my daughter, my love, may God guide you—won't you stop being so lazy?"

"Mommy, this isn't laziness."

"أمّال إسْمُه أيْه؟ إنْتي بِالعافْيَة بِتْقومي مِن السِّرير و بِتِعْملي كُلّ حاجة بِتذمُّر أَوْ مبْتِعْمليهاش أصْلاً زيّ ما خلّيتي أُخْتك تِشطّب الحوْض بِدالِك."

ما أنا عارْفة يا مامي، بسّ مِش فاهْمة أنا ليْه كِده. مِش حاسّة إنّ ده كسل أَوْ دلع ... فيه حاجة مِش مظْبوطة فِيّا."

"يا بِنْتي، ليْه بِتْقولي كِده؟ حاجة أيْه بسّ؟ بعْد الشّرّ عليْكي. إنْتي طَويلة و زيّ القمر و أيّ واحد يِتْمنّاكي."

قالِت شيريهان بِسُخْرِية: "ما هو باين يا مامي!"

"ما هُوَّ كُلُّه في إوانُه إنّ شاء اللّه. و هتبْقي زيّ الفُلّ. أنا مِش قصْدي أقولِّك حاجة وِحْشة بسّ أنا عايْزة أشوفِك مبْسوطة و نشيطة. إنْتي لِسّه صْغيرّة أوي على إنِّك تبْقي عامْلة زيّ العَواجيز مِن دِلْوَقْتي. على طول يا نايْمة يا مِكسْلة تِعْملي حاجة... ده حتّى شُغْلك ساعات مبِتْروحيهوش و خايْفة يِرْفدوكي كِده يا بِنْتي... عشان خاطْري خلّي بالِك."

"ما أنا مِش عارْفة أخلّي بالي إزّاي، يَعْني أعْمل أيْه؟"

بِصوْت أكْتر جِدّية مامِتْها قالِت: "يَعْني تِصحْصحي كِده و تِشوفي مصْلحْتِك. بلاش اِسْتِهْبال و قومي يَلّا حضّري معايا الأكْل."

"لأ مِش قادْرة بِجد. حاسّة بِإرْهاق فظيع يا مامي."

"Then, what is it? You are in good health, you get up from bed, and you do everything while complaining, or you don't do it at all, like when you make your sister scrub the sink instead of you."

"I know, Mommy, but I don't know why I'm like this. I don't think this is laziness or a sense of entitlement... something's not right with me."

"My daughter, why are you saying that? What's that talk? May evil be far from you. You're tall, as beautiful as the moon, and any man would wish to have you."

Sherihan said sarcastically, "Oh, obviously, Mommy."

"All in due time, God Willing. And you'll be perfect. I don't mean to say anything hurtful to you, but I want to see you happy, active. You're still too young to act like old people now. You're always sleeping or being lazy to do anything... even work. You sometimes don't go to, and I'm afraid they'll fire you, my daughter. Please, be wary."

"Well, I don't know how to be wary or what that means I should do."

In a more serious voice, her mother said, "It means you wake up and have your best interests at heart. Stop being silly, and now come to prepare food with me."

"No, I can't. I'm feeling so exhausted, Mommy."

طب تحِبّي أخْدك نروح نشوف دُكْتور؟ بسّ هَيكون دُكْتور أيه يا ترى؟"

نور رجْعِت مِن برّه و سِمْعِت آخِر كلامْهُم و قالِت بِصوْت عالي: "نفسي... دُكْتور نفسي."

"ليْه؟ هُوَّ أنا مجْنونة عشان أروح عنْد دُكْتور نفْساني؟ أهو ده اللي ناقِص!"

"يا جاهْلة، لأ! إنْتي بسّ عشان مبْتِقْريش و مِش دريانة بِالدِّنْيا. الطِّبّ النَّفْسي دِلوقْتي بقى مِن أقْوى تخصُّصات الطِّبّ في العالم و الدِّراسات بِتْقول واحِد كُلّ أرْبع أشْخاص بِيِعاني مِن مرض نفْسي ما. إنْتي مُمْكِن تِكوني واحْدة مِنْهُم. و مُمْكِن يِكون ده مْأثّر على أدائِك في كُلّ حاجة."

فكّرِت الأُمّ و بعْديْن قالِتْلها: "أُخْتِك كلامْها مِش وِحِش. جرّبي، مِش هتِخْسري حاجة."

"بسّ أنا معيش فِلوس كِفاية أروح لِدُكْتور نفْسي. هتْسلِّفيني يا مامي؟"

"لأ يا حبيبْتي! ده في المِشْمِش! بطّلي تِصْرفي فِلوسِك على قهْوِة سْتاربْكْس و أيّ كلام فاضي و إنْتي هَيِبْقى معاكي فِلوس. أنا هقوم بقى يا بنات. يادوْبك[1] أعْمِل الأكْل."

"Would you like me to take you and go see a doctor? But what kind of doctor should it be, I wonder?"

Nour came back [from the outdoors] and listened in on the last of their conversation and said in a loud voice, "A psychiatrist... a psychiatrist."

"Why? Am I insane that I should go to a psychiatrist? Oh, isn't that what's missing!"

"You ignorant fool, no. It's because you don't read, and you're unaware of the world [around you]. Psychiatry is now one of the strongest specializations of medicine in the world. Studies show that one in every four people suffers from some kind of psychological disorder. You could well be one of them. And it could be affecting your performance in everything."

The mother thought [for a moment] then said to her, "What your sister's saying doesn't sound so bad. Try. you have nothing to lose."

"But I don't have enough money to go to a psychiatrist. Will you lend me some money, Mommy?"

"No, sweetheart, not in a million years. Stop spending your money on Starbucks coffee and other silly things, and you'll have some money handy. I'll go now, girls. It's about time I prepare some food."

---

1 يادوبك barely; here, it implies that she barely has time to make lunch so she had better get started.

ردِّت نور بِسُرْعة: "أنا هغيرّ هُدومي يا مامي و آجي أعْمِل معاكي."

ردِّت وَراها شيريهان بِصوْت حزين: "معْلِشّ، أنا آسْفة يا مامي إنيّ مِش هقْدر أساعِد بسّ فِعْلاً مُرْهقة جِداً و حاسّة إنيّ مِش عايْزة أعْمِل حاجة غيرْ النّوْم."

"ربِّنا يِشْفيكي و يِعافيكي يا حبيبة قلْب مامي."

❖ ❖ ❖

فات يوْميْن و شيريهان مِسْتنيّة تِقْبض المرتّب. و قبضِت و حجزِت معَ أوِّل دُكْتور نفْسي. كانِت دُكْتورة إسْمها شاهيناز.

جهْ معاد الدُّكْتورة و كانِت شيريهان في العِيادة مِسْتنيّة برّه في الرّيسبْشِن لِحدّ ما جهْ دوْرْها.

اِتْنهِّدِت تنْهيدة و هِيَّ بِتْخبّط عالباب و تمْتِمِت في سِرّها: "يا ربّ" و دخلِت.

رحّبِت بيها الدُّكْتورة شاهيناز و سألِتْها و هِيَّ بِتْبُصّ في ورْقِة الكشْف: "شيريهان، مِش كِده؟"

"أه يا دُكْتورة" و قعدت بعْديْن قالِت: "أنا شيريهان."

"عنْدِك كام سنة يا شيريهان؟ و بِتِشْتغلي أيْه؟"

Nour responded quickly, "I'll change my clothes, Mommy, and come help you."

Sherihan answered from behind her in a sad voice, "I'm sorry, Mommy, that I won't be able to help, but really I'm so exhausted, and I feel that I don't want to do anything but sleep."

"May God heal you and give you strength, Mommy's beloved."

Two days passed, and Sherihan was waiting to get paid her salary. She got paid, reserved [an appointment] with the first psychiatrist... a doctor whose name was Shahinaz.

The doctor's appointment came, and Sherihan was in the clinic waiting outside in the reception until her turn came.

She sighed a sigh as she knocked on the door and murmured to herself, "[Please], God," and entered.

Dr. Shahinaz welcomed her and asked her as she looked at the examination paper, "Sherihan, right?"

"Yes, doctor." She sat and then said, "I'm Sherihan."

"How old are you, Sherihan? And what do you do [for a living]?"

"لِسّه تامّة تلاتين سنة مِن أُسْبوع و شغّالة مُوَظّفة في بنْك الاتِّحاد."

"كُلّ سنة و إنْتي طيِّبة! ما شاء اللّه شغّالة في بنْك و على كِده بِتِقْبضي مُرتّب كُوَيِّس؟"

"مِش أوي بِصراحة. بقْبض خمسْتلاف بسّ بِيْطيروا[1] هَوا و معْرفْش في أيْه."

"أيْه شكْوِتك[2] يا شيريهان؟"

شيريهان و هِيَّ بِتْعيّط جامِد: "تعبانة كِده على طول. مليش نِفْس في حاجة. ساعات بِبْقى كُلّي طاقة و حَيَوية بسّ بحُطُّهُم كُلُّهُم في الكلام مَعَ نفْسي و باقي الوَقْت بِيِبْقى مفيش طاقة خالِص و عايْزة أنام على طول."

"اِهْدي بسّ يا حبيبْتي. هُوَّ مُمْكِن يِكون اِكْتِئاب. هناخُد[3] الدَّوا ده و تيجيلي الأُسْبوع الجايّ نِشوف أيْه الأخْبار."

بِتِكْتِب الدَّوا في الرّوشِتّة و تِدّيه لِشيريهان. "نوّرْتيني و إن شاء اللّه هتِبْقي كُوَيِّسة، متْخافيش."

شيريهان خرجِت و راحِت تِشْتِري الدَّوا و هِيَّ مُحْبطة إنّ الدُّكْتورة قالِتْلها مُمْكِن تِبْقى عنْدها مرض الاكْتِئاب.

"I just turned 30 years a week ago, and I work as an employee in the Union Bank."

"Happy Birthday! Whatever God wills [happens]... so you're working at a bank. You have a good salary, I'm assuming?"

"Not that good, honestly. I get paid five thousand, but they [always] disappear, and I don't know on what."

"What is troubling you, Sherihan?"

Sherihan, while she was crying vehemently, "I'm always tired. I have no interest in anything. Sometimes I'm full of energy and vitality, but I put all of it into talking with myself, and the rest of the time, there's no energy whatsoever, and I always want to sleep."

"Just calm down, love. It might be depression. I'll give you this medicine, and you'll come next week so we can see how things are."

She wrote the [name of the] medicine in a prescription and gave it to Sherihan. "Your presence was welcome here and, God Willing, you'll be fine. Don't worry."

Sherihan went out and went to buy the medicine, frustrated that the doctor said she could have a depressive disorder.

---

¹ بيطيروا lit. they fly (away)

² أيه شكوتك lit. What's your complaint?

³ هناخد lit. we'll take

شيريهان في سرّها: *"اكْتِئاب أيْه بسّ؟ يا صُغيّرة عَ الهمّ يا لوْزة!"*[1]

❖ ❖ ❖

الدَّوا في الأوِّل خلّى شيريهان مِش حاسّة بِإرْهاق طول الوَقْت، بسّ مفْعوله مسْتمرِّش كتِير، و رجْعِت تحِسّ إنّها زيّ ما كانِت.

فات أُسْبوع و جِهْ المعاد إنّها تِروح لِلدُّكْتورة تاني.

خبّطِت شيريهان و دخلِت و الدُّكْتورة سألِتْها: "إزّايِّك يا شيريهان؟ شكْلِك أحْسن النّهارْده."

"شْويّة، الحمْدُ لِلّه بسّ لِسّه التّرْكيز ضعيف و النّشاط أوِّل كام يوْم حسّيْته كْويِّس و بعْدين رِجِعْت تاني زيّ ما أنا."

"يِبْقى نزوِّد الجرْعة. خْدي الدَّوا بِ١٠ مج[2] بِدال ٥ مج و تعاليلي بعْد أسْبوعيْن، يِكون بان مفْعوله."

"بسّ دُكْتورة، أنا حاسّة إنيّ عايْزة أتْكلِّم كمان مِش بسّ أخْد الدَّوا."

"هكْتبْلِك على دُكْتور كْويِّس تاخْدي عنْدُه جلسات." و كتبِت إسْم الدُّكْتور عَ الرّوشِتّة و رقمُه و عِنْوانُه.

Sherihan [said] to herself, What depression? You're too young for this, little almond!

❖ ❖ ❖

At first, the medicine made it, so Sherihan didn't feel exhausted all of the time, but its effect didn't last for long, and she got back to feeling as she was.

A week passed, and the time came for her to visit the doctor again.

Sherihan knocked and entered, and the doctor asked her, "How are you, Sherihan? You look better today."

"A little, praise God, but my concentration is still poor, and I felt my activity levels were okay the first few days, and then I was back to where I was."

"Then, we will increase the dose. Take this medicine for 10mg a tablet instead of 5mg and come back in two weeks. its effect should have appeared by then."

"But Doctor, I feel that I want to talk [to someone] too, not just take medicine."

"I'll give you the name of a good doctor you can visit for [therapy] sessions." And she wrote the doctor's name on a piece of paper, as well as his number and address.

---

[1] يا صُغيّرة ع الهمّ يا لوزة! This is a well-known line from an old theater play starring Fouad Al-Mohandes. It basically means *I'm too young to have anxiety.*

[2] ميليجرام = مج

"مْتْشكِّرة جِدّاً يا دْكْتورة." و راحِت الرّيسبْشِن تِتْحسّر على الميتينْ جنيْه كشْف لِتاني مرّة... *ما هُمّا لِلأسف معنْدُهْمْش اِسْتِشارة و كِده أنْسى قهْوِةْ سْتارْبكْس و الجوّ اللي بِتِخْلقُه القهْوَة من أوِّل ما أسْتِلِمْها لِحدّ ما أخلّصْها و أرْميها. أخلّيني في نِسْكافيْه من البيْت و خلاص.*

شيريهان كلِّمت الرّقم و لِقِت الدُّكْتور عنْدُه معاد دِلْوَقْتي فا قرّرِت تِروح على طول و رِكْبِت عربيّتْها و اِنْطلقِت.

وِصْلِت العِيادة و كانت فاضْية فا فِرْحِت بِحظّها الحِلْو و دخلِت عالدُّكْتور على طول بعْد ما ملت ورْقة بِتفاصيلْها.

الدُّكْتور باسِم راجِل قُصيّر و شكْلُه لِسّه صُغيّر و مشافْش الدُّنْيا و معنْدوش خِبْرة كافْية. دي كانت أوِّل اِنْطِباعات شيريهان عنُّه و مسْتريّحِتْش لِكِده.

الدُّكْتور باسِم و هُوَّ بِيْبُصّ في الورْقة: "أهْلاً شيريهان. اِتْفضّلي اُقْعُدي. خيْر؟"

"دْكْتورة شاهيناز قالِتْلي على حضْرتك و أنا لِسّه جايّة من عنْدها. هِيَّ شخّصِتْني إنّي عنْدي اِكْتِئاب و أنا قُلْتِلْها حاسّة إنّي مِش عايْزة آخُد دَوا بسّ. عايْزة أتْكلِّم كمان."

"I'm very grateful, Doctor." And then she went to the reception, bemoaning the 200 pounds for an examination for the second time. Because, unfortunately, they don't have [free] consultancy. So, I can say goodbye to Starbucks coffee and the vibe that coffee creates from when I receive it until I finish it and throw it away. I'll just stick to Nescafé at home.

Sherihan called the number and found that the doctor had an [open] slot, so she decided to go right away and got in her car, and off she went.

She arrived at the clinic, which was empty, so she was glad because of her good luck, and she went in to [see] the doctor right away after she had filled a paper with her details.

Dr. Bassem is a short man, who looks young and still hasn't seen [enough of] the world, and has no sufficient experience. These were Sherihan's first impressions of him, and she didn't feel at ease because of that.

Dr. Bassem, who was looking at the paper, [said,] "Welcome, Sherihan. Please sit. What's wrong?"

"Dr. Shahinaz told me about you, and I just came here from her [clinic]. She diagnosed me with depression, and I told her that I feel I don't want to just take medicine. I also want to talk."

ردّ الدُّكْتور و قالّها: "اِتْفضّلي!"

"كُنْت عايْزة أسْأل حضْرِتك الأوِّل، هُوَّ حضْرِتك بِتِدّي أدْوية كمان وَلّا جلسات بسّ؟"

"لأ، أنا مِش طبيب نفْسي عشان أدّي أدْوية. أنا مُعالج أَوْ بِيْسمّوها بِالإنْجِليزي (therapist). و أقْدر أشوف معاكي مشاكْلِك النّفْسية و أساعْدِك على حلّها."

"أنا عنْدي مُشْكِلة إنّي مُرْهقة طول الوَقْت و ده مْأثّر على أدائي في الشُّغْل و البيْت و كُلُّه."

"عملْتي تحاليل ڤيتامين د[1] قبْل كِده؟ جايِز تِكون سبب الإرْهاق ده؟"

"عملْت كُلّ حاجة مُمْكِنة يا دُكْتور. تحْليل ڤيتامين د و غُدّة كمان و النّتايِج كُوَيِّسة."

"طيِّب، إمْتى بِتْحِسّي بِنشاط؟"

"ساعات أوِّل ما بصْحى بحِسّ بِحَيَوية و نشاط جامِد لِدرجِةْ مِش ببْقى قادْرة أقْعُد عَ المكْتب و أركِّز كُوَيِّس و بقضّيها في خَيالي إنّي بتْكلِّم مَعَ النّاس لِحدّ ما النّشاط يِروح و يِتْبدِّل بِخْمول و مبْقاش أنْجزْت أيّ حاجة."

The doctor replied and said to her, "Go ahead."

"I wanted to ask you first, do you also prescribe medicines, or do you just do therapy sessions?"

"No, I am not a psychiatrist to give medications. I am a therapist, or as they call them in English, 'therapist.' I can examine with you your psychological problems and help you solve them."

"I have a problem in that I'm tired all the time, and this is affecting my performance at work, at home, and at everything."

"Have you done any vitamin D tests in the past? Perhaps that could be the cause of your exhaustion?"

"I did everything possible, Doctor. I have undergone a test for vitamin D and also for glands, and the results were good."

"Okay. When do you feel most energetic?"

"Sometimes right after I wake up I feel this aliveness and a lot of activity to the extent that I can't sit still on my desk and focus well, so I spend all my energy in my imagination talking to people until the activity goes and is replaced with lethargy and by then I haven't done anything [productive]."

---

[1] د = دال

"بِتْكلِّمي نفْسِك يَعْني... بِتْحرّكي بُقِّك و إنْتي في الخَيال أكنِّك بِتْكلِّمي حدّ فِعْلاً؟"

"آه يا دُكْتور."

"طيِّب إحْنا دِلْوَقْتي عايْزينِك في فتْرةْ النّشاط تِنْجِزي حاجة بِدال ما تِكلِّمي نفْسِك."

"ما أنا مِش عارْفة أعْمِل كِده."

"ما أنا هقولِّك. كُلّ يوْم الصُّبْح تِصْحي تِقولي لِنفْسِك أنا جميلة، أنا زيّ الفُلّ، أنا هقْدر أنْجِز و مكلِّمْش نفْسي. قولي كُلّ واحْدة مِن دوْل خمس مرّات. و اُحْضُني نفْسِك."

شيريهان و وِشّها مِليان علامات تعجُّب. "أحْضُن نفْسي؟"

"أَيْوَه طبْعاً، و احْتَويها[1] كِده و كُلّ يوْم تِدّي اللي حَواليْكي حُضْن... ١٥ حُضْن في اليوْم... بابا، ماما، إخْواتِك، كِده."

بِنبْرة فيها سُخْرية: "طب و لَوْ منجزْتِش حاجة بعْد ما أعْمِل كُلّ ده؟"

"ساعِتْها تيجيلي. جرّبي كِده أُسْبوع و تعالي."

"طيِّب أنا عايْزة أحْكي مشاكِل تانْيَة بِالتّفْصيل."

"المرّة الجايّة عشان وَقْت الجلْسة خِلِص."

"You mean you talk to yourself... as in, you move your mouth, and in your imagination, you're actually talking to someone?"

"Yes, doctor."

"Well, now we want you during your active hours to do something instead of talking to yourself."

"Thing is, I don't know how to do that."

"I will tell you. Every day in the morning, tell yourself, 'I am beautiful,' 'I am amazing,' 'I will be able to be productive and not talk to myself.' Say each of those to yourself fives times, and hug yourself."

Sherihan's face was filled with signs of puzzlement. "Hug myself?"

"Yes, sure. Embrace yourself, and every day give a hug to those around you. Fifteen hugs a day–Dad, Mom, your siblings, and so on."

In a tone that suggested sarcasm, "And what if I haven't accomplished anything after I've done all that?"

"At that time, come to me. Try it for a week and come."

"Okay, I want to tell you about other problems in detail."

"Next time, because the time of this session is over."

---

[1] The pronoun suffix ـها refers back to the feminine noun نفس self.

شيريهان خرجِت و خدت معاها حبّةْ إحْباط حلْوين ع ال٣٠٠ جنيْه اللي اتْرموا حرْفيّاً في الأرْض و كانوا يعْملوا ١٠ كوبّايات قهْوة يعْني ١٠ أيّام ضاعوا.

شيريهان في سرّها: *"أيْه الكلام الفارغ بتاعُه ده؟ منُّه للّه... دفّعْني فلوس قدّ كده الحرامي عشان يقولّي حبّي نفْسك و احْضُنيها! أنا مش هروحْله تاني أبداً!"*

❖ ❖ ❖

الشّمْس بدأت تغْرب و بعْد يوْم طويل مُحْبط، روّحت البيْت و غيّرت هُدومْها و اتْغدّت. بعْديْن عملت نسْكافيْه و لقت مامتْها و أُخْتها مسْتنّينْها عشان تحْكيلْهم اللي حصل.

"عملْتي أيْه؟ طمّنيني!"

"معملْتش حاجة يا مامي. الدُّكْتورة إدّتْني رقم مُعالج طلع بيْهزّر و مش فاهم حاجة..." و قعدت تحْكيلْها اللي حصل.

وبعْديْن قالت: "أنا مش هروحْله تاني ولا هُوَّ ولا أيّ دُكْتور نفْسي و هبطّل الدّوا و مش همْشي في السّكّة دي خلاص."

Sherihan left and took with her a good amount of frustration regarding the 300 pounds she had just literally thrown away. They equaled ten cups of coffee, so ten days were just gone.

Sherihan said to herself, *What is this silly talk of his? God will judge him. He made me pay all this money, the thief, just to tell me, "Love and hug yourself." I'll never go to him ever again.*

The sun began to set. And after a long, frustrating day, she went home, changed her clothes, and had lunch. Then she made a cup of Nescafé and found her mother and sister waiting for her to tell them about what had happened.

"What did you do? Tell me!"

"I didn't do anything, Mommy. The doctor gave me the number of a therapist who jokes around and doesn't understand anything..." And she told her about what happened.

And then she said, "I won't go to him again—him or any therapist. And I'll stop taking the medicine, and I won't go down this path."

وَقّفتْها نور بِسرْعة و قالِتْلها: "اِسْتنّي بسّ... واحْدة صاحْبتي بِتروح لِدُكْتور شاطِر جِدّاً. هُوَّ طبيب نفْسي و مُعالج في نفْس الوَقْت و كِبير في السِّن. مُحْترم و اللي بِيروحوله بِيْجيب معاهُم نتيجة كُوَيِّسة أوي و أنا كلِّمْتهُم و حجزْتِلك بُكْرة."

"مامةْ شيريهان و هِيَّ مبْسوطة بِعرْضها: "و أنا هدّيكي فِلوسه عشان متِتْضايْقيش مِن اللي حصل النّهارْده. يلّا فرْفِشي كِده و تعالي ننْزِل كُلِّنا نِغيّر جوّ و ناكُل آيْس كْريم و نِعْمِل شُوَيِّة شوْپينْج و كُلّ واحْدة فيكو تِنقّي حاجة و أنا هشْتريهالْها[1]."

شيريهان و نور بِيِتْنطّطوا بِحماس. "بِجدّ يا مامي؟"

"آه بسّ متْكونْش أكْتر مِن ٢٠٠ جنيْه."

مبقوش مُتحمِّسين أوي زيّ الأوِّل بسّ برْضُه اِتبسطوا و خرجوا كُلُّهُم و قضّوا يوْم جميل. و رِجْعوا البيْت بِالهدايا بِتاعِتْهُم و جِهْ وَقْت النّوْم. شيريهان راحِت تِنام و نفْسيِّتْها كُوَيِّسة و هِيَّ مُتفائْلة إنّ بُكْره هَيْكون أحْسن.

Nour quickly stopped her and said, "Wait. A friend of mine goes to an excellent doctor... he's a psychiatrist and a therapist at the same time, and he's old. He's respected, and he gets very good results for those who go to him. I called them and reserved an appointment for you for tomorrow."

Sherihan's mother, happy with her offer, said, "And I'll give you the money for it, so you don't get upset by what happened today. Now lighten up and let's all go out, get some fresh air, have some ice cream, and do some shopping! Each one of you, pick something, and I'll buy it for you."

Sherihan and Nour were jumping up and down excitedly. "Really, Mommy?"

"Yes, but no more than 200 pounds."

They weren't excited now as they were at first, but still, they were pleased, and they all went out and had a beautiful day. They went home with their presents and bedtime came. Sherihan went to sleep with improved well-being, optimistic that the next day would be better.

---

[1] The pronoun is the third-person singular ﻬﺎ because it refers back to كُل واحْدة.

❖ ❖ ❖

اِسْتنِّت شيريهان دوْرْها عنْد الدُّكْتور زكريا و كانت عِيادة زحْمة جِدّاً، بسّ ده مضايِقْهاش. فكّرت ما دام كُلّ النّاس دي بِترْوح يِبْقى جايِز يِكون كُوَيِّس فعْلاً.

"و الكشْف كان ب١٠٠. يا بخْتِك يا مامي! مِش هتِدْفعي كتير!"

جِهْ دوْرْها بعْد ساعة بِحالْها و دخلِت كالعادة بعْد ما ملِت وَرْقة بمِعْلوماتْها.

"السّلام عليْكُم يا دُكْتور."

خد الدُّكْتور زكريا آخِر شفْطة من الشّاي و ردّ: "وَعليْكُم السّلام وَرحْمةُ اللّه وَبركاتُه."

"أنا إسْمي شيريهان." و قعدِت على كُرْسي مكْتب مِن اللي بِيِطْلع و يِنْزِل.

"بِجدّ؟ مكُنْتِش أعْرف." طبْعاً بِيْتريْق لإِنّ الورْقة قُدّامُه.

"هههه... أنا عارْفة يا دُكْتور إنّ حضرْتك شايِف ده مِن الورْقة، بسّ أنا مِش لاقْيَة حاجة أقولْها."

"أُمّال جيْتي ليْه؟"

❖ ❖ ❖

Sherihan waited for her turn at Dr. Zakaria. It was a very crowded clinic, but that didn't bother her. She thought that, since all these people came here, then [the doctor] must indeed be good.

And the examination cost 100 [pounds]. How lucky you are, Mommy! You won't be paying much!

Her turn came after an entire hour, and she went in as usual after she filled out a paper with her details.

"Peace be upon you, Doctor."

Dr. Zakaria took a last sip of tea and replied, "Peace, mercy, and blessings of God upon you, as well."

"My name is Sherihan." She sat on an office chair that would ascend and descend.

"Really? I didn't know." He was being sarcastic because the paper was right there in front of him.

"Hahaha, Doctor, I know that you can see that on the paper, but I don't know what to say."

"So, why have you come?"

"حَياتي مِش ماشْيَة كُوَيِّس يا دُكْتور. خايْفة يِكون عنْدي مرض اللي بِيْسمّوه bipolar ده. على طول مُرْهقة بس بِييجي عليّا وَقْت ببْقى مُتحمِّسة أوي و نشيطة. تِفْتِكِر يا دُكْتور أنا عنْدي المرض ده، أبْقى فوْق و تحْت؟"

"لأ، إنْتي معنْدِكيش bipolar. الكُرْسي هُوَّ اللي bipolar فوْق و تحْت."

ضِحْكِت جامِد و بعْديْن قالِتْلُه: "لأ بِجدّ يا دُكْتور... بتْكلِّم معَ نفْسي كِتير. ساعات بحِسّ إنّ الدُّنْيا سهْلة أوي و كُلّ حاجة مُمْكِن تِتْعِمِل في دقايِق. و ساعات تانْيَة كُلّ حاجة بِتِبْقى صعْبة جِدّاً و مِش قادْرة أقوم مِن السِّرير."

"و أيْه يَعْني؟ ما تِتْكلِّمي معَ نفْسِك. اِعْتبْريها تسْلية أكِنِّك بِتِتْفرّجي ع التِلفِزْيوْن."

"بسّ مبنْجِزْش حاجة تقْريباً في يوْمي سَواء كُنْت مُرْهقة أَوْ فِيّا شُوَيّة نشاط."

"ما إحْنا هنِمْشي على عِلاج و هتيجيلي مرّتيْن في الأُسْبوع في الأوِّل عشان نِتابِع التّقدُّم. إحْنا هنِمْشي ع العِلاج ده و نِكمِّل على الدَّوا اللي إنْتي ماشْيَة عليْه. هنْقّصُه بِالتّدْريج عشان مَينْفعْش نِشيلُه مرّة واحْدة."

"طب، أنا عنْدي أيْه؟"

"My life is not going well, Doctor. I'm afraid that I have the disorder they call 'bipolar.' I'm always exhausted. Still, sometimes I get very excited and active. Do you think, Doctor, that I have this disorder where [my mood] goes up and down?"

"No, you don't have bipolar disorder. The chair is the one that's bipolar–it goes up and down."

She laughed heartily, and then she said to him, "No, seriously, Doctor... I talk to myself a lot. Sometimes I feel that everything is easy, and everything could be done in a matter of minutes. Other times, everything is very hard, and I am unable to get out of bed."

"So what? You talk to yourself. Consider it entertainment–as though you were watching T.V."

"But I almost don't do anything in my day, whether I was exhausted or I had a little bit of vigor in me."

"Well, you're going to take treatment, and you'll come to visit me twice a week in the beginning so we can measure your progress. You'll take this treatment, and you'll keep taking the medication that you're already on. We will decrease it [the dosage] gradually as we cannot remove it all at once."

"But what do I have?"

"عنْدك ٣٠ سنة!"

"ههههه... لأ يا دُكْتور، عنْدي مرض أيْه؟ أيْه تشْخيصي؟"

"مِش مُهِمّ الإسْم. المُهِمّ إنِّنا نعالجُه و ترْجعي تِعيشي حَياتِك و إنْتي مبْسوطة و بِتِنْجِزي."

"شُكْراً جِدّاً يا دُكْتور. كِده هشوف حضْرِتك يوْم الأرْبع."

"إن شاء اللّه."

"ماشي، سلام عليْكُم يا دُكْتور!"

"وَعليْكُم السّلام وَرحْمةُ اللّه وَبركاتُه! كمان حاجة... لمّا تِتْكلِّمي مع نفْسِك اكْتِبي اللي كُنْتي بِتْكلِّمي نفْسِك فيه."

"صعْب أوي بسّ حاضِر، هحاوِل."

العِلاج الجديد كان أفْضل في إنّ شيريهان مبقِتْش على طول قلْقانة و مُكْتئِبة. و الإنْجاز بدأ يزِيد شُوَيّة شُوَيّة، بسّ التّحسُّن مكانْش ملْحوظ. بسّ هِيَّ ارْتاحِت لِلدُّكْتور و تابْعِت معاه زيّ ما طلب.

"You have 30 years."

"Hahaha, no, Doctor. What kind of illness do I have... What's my diagnosis?"

"The name is not important. What's important is that we remedy it, and you become able to live your life happily and productively."

"Thank you very much, Doctor. I'll see you on Wednesday."

"God willing."

"Okay. Peace be upon you, Doctor."

"Peace, mercy, and blessings of God be upon you as well. One more thing... when you talk to yourself, write down what you're talking about."

"That's so hard, but all right, I'll try."

The new treatment was better in that Sherihan was not anxious and depressed all the time. Her productivity started increasing little by little, but the improvement was not noticeable. But she was satisfied with the doctor and carried on with him as per his request.

❖ ❖ ❖

فات تلات سِنين و نُصّ و هِيَّ حبّة فوْق و حبّة تحْت. الدُّنْيا مِش ماشْيَة أوي بسّ مُتابْعِةْ الدُّكْتور مساعْداها شُوَيّة. و هِيَّ لِسّه بِتِتْخبّط ما بيْن قلق و اِكْتِئاب و وَسْوَسة و حماس و عصبية و الأهمّ مِن ده كُلُّه إنّها لِسّه مِش فاهْمة نفْسها ولا هِيَّ ليْه كِده. و حصل حاجات غريبة هنِعْرفْها كمان شُوَيّة.

بسّ الجِديد إنّ الشُّغْل كان بدأ يِتْحسِّن شُوَيّة و ابْتدت تِتْعرف على واحِد مُعْجب بيها و اِتْقدِّم لِأهْلها و قروا فاتحة[1].

في يوْم بقى مكانِتْش نامِت طول اللّيْل لِحدّ تاني يوْم مِطبّقة. منامِتْش وَلا ثانْيَة و مِش عارْفة تنام خالِص و نزْلِت اِتْمشِّت و مشِّت يوْمْها و على بِاللّيْل نامِت كُوَيِّس جِدّاً.

صِحْيِت تاني يوْم و هِيَّ حاسّة كإنّها اِتْوَلدِت مِن جِديد. كُلّ حاجة واضْحة و صافْيَة. اِتْهيّألها إنّها خفِّت مِن القلق و خفِّت مِن كُلّ اللي عنْدها. حسِّت إنّها خفيفة أوي و الحَياة حِلْوَة أوي.

جِرْيِت بِفرح برّه الأوْضة و سلِّمت على كُلّ اللي برّه بِحرارة. فيه هِزار زايِد في كلامْها، ضحْك كِتير بِدون لازْمة.

❖ ❖ ❖

Three and a half years passed. Sometimes she was well, and other times she was not. All wasn't going so smoothly, but following up with the doctor was slightly helpful. She was getting whipsawed between anxiety, depression, negative thoughts, nervousness, anger, and, most importantly, she still didn't understand herself nor why she was this way. In fact, strange things occurred, which we will find out about later.

But what was new was that her job [performance] started to improve slightly, and she started to get to know someone who liked her. He proposed to her, and they read Al-Fatihah.

One day she didn't sleep for the whole night and kept awake till the next day on no sleep. She didn't sleep even for a second and was unable to sleep at all. She carried on with her day, and at night she slept very well.

She woke up the next day as if she was born anew. Everything was clear and pure. It seemed to her that she was cured of her anxiety and all that she had... she felt very light and that life was very good.

She happily ran out of the room and greeted everyone with energy. There was increased jest in her words, unnecessarily excessive laughter.

---

[1] It is customary to read the first sura (chapter) of the Quran, Al-Fatihah, at an engagement ceremony.

نور بِصوت مُسْتعْجل: "أنا محْتاجة أنْزِل أشْترِي هِدوم."

"جيبيلي معاكي يا نور!"

"طب ما تيجي معايا عشان تِخْتاري اللي يِعْجبِك."

"لأ، أيّ حاجة مِن ذوْقك هتبْقى جميلة."

"طب هاتي الفِلوس."

"فِلوس أيْه يا حبيبْتي؟ إنْتي سُخْنة ولّا كُويِّسة؟"

"سُخْنة!؟ مالِك يا شيريهان؟ هِزارِك و كلامِك غريب النّهارْده، و فرْحانة أوي كِده مِن غيرْ سبب. أنا بقولِّك إدّيني فِلوس الحاجة اللي عايْزاني أشْتريهالِك."

"هههه! هُوَّ أنا عارْفة إنْتي هتِشْترِي أيْه عشان أدّيكي تمنْه؟"

"خلاص يِبْقى تعالي معايا عشان أنا اللي معايا يادوْب قدّ اللي هشْترِيه."

"و مالُه؟ آجي! سهلة اهي! هههه!"

مامِتْها و أُخْتها بيِبْصّوا لِبعْض بِاسْتِغْراب. شيريهان بِتِضْحك آه و مِش مُرْهقة بسّ مِش طبيعية برْضُه... زيّ ما تِكون مِهَيْبرة كِده.

Nour, in an urgent voice, said, "I need to buy some clothes!"

"Bring me some, too, Nour!"

"Why don't you come and pick what you like?"

"No, anything that is based on your taste is beautiful."

"Fine, give me money."

"Money for what, my love? Is your temperature high? Are you okay?"

"Is my temperature high? What's wrong with you, Sherihan? Your joking and talk are strange today, and you're so happy for no reason... I'm telling you, give me the money for the stuff you want me to buy for you."

"Hahaha! Do I know what you're going to buy to give you money for?"

"Then come with me because what I have is only enough for what I'm going to buy."

"And why not? I'll come! Hahaha!"

Her mother and sister were looking at each other puzzled. Sherihan was laughing, sure, and she wasn't exhausted... but she wasn't normal either. As though she were hyperactive.

وِسْط اليوْم شيريهان قرّرْت تِكلِّم دُكْتور زكريا تِحْكيلُه و هِيَّ فاكْرة إنّها خلاص بقِت كُوَيِّسة. "دُكْتور، أنا حاسّة إنّي اتْوَلدْت مِن جِديد، مِش قلْقانة مِن حاجة. حاسّة النّاس اللي حَواليّا هِيَّ اللي بقت قلْقانة أكْتر مِنّي. حاسّة الدُّنْيا سهْلة و بسيطة و كُلّ حاجة مُمْكِن تِتْحلّ بِمُنْتهى السُّهولة."

الدُّكْتور زكريا قالّها: "عايزِك تِروحي فوْراً لِدُكْتور مُحمّد. آدي رقمُه. و هُوَّ هَيِبْقى موْجود بِاللّيْل في نفْس العِيادة. و الموْضوع ده ضروري جِدّاً يا شيريهان."

فجْأة شيريهان مبقتْش فاهْمة أيْه سبب الجدية دي و ابْتدت تِتْضايق مِن ردّ فِعْل اللي حَواليْها.

❖ ❖ ❖

راحِت بِاللّيْل لِلدُّكْتور مُحمّد اللي قال عليْه دُكْتور زكريا و حكِتْلُه كُلّ حاجة.

بِمُنْتهى الثِّقة ردّ الدُّكْتور و قالْها: "إنْتي عنْدِك bipolar."

شيريهان اِتْصدمِت. كِتير شكِّت إنّ مُمْكِن يكون عنْدها المرض الصّعْب ده، بسّ كانِت دايْماً بِترْجع تِقول أكيد لأ و تِسْأل اللي حَواليْها عشان بسّ يِأكِّدوا عليْها إنّ لأ.

In the middle of the day, Sherihan decided to talk to Dr. Zakaria and tell him about everything, thinking that she was cured. "Doctor, I feel like I've just been born anew... nothing worries me... I feel that the people around me are worried more than I am... I feel everything is easy and simple, and everything could be solved with the utmost ease."

Dr. Zakaria said, "I want you to go immediately to Dr. Muhammed. This is his number, and he'll be available at the same clinic this evening. This is an urgent matter, Sherihan."

Suddenly, Sherihan couldn't understand the doctor's seriousness and started growing upset from the reactions of those around her.

That evening, she went to Dr. Muhammed, whom Dr. Zakaria had told her about, and told him everything.

With the utmost confidence, the doctor replied and told her, "You have bipolar disorder."

Sherihan was shocked. She often suspected that she might have this difficult illness, but she would always think 'no way' and ask those around her to confirm that she didn't have anything.

"مُستحيل يا دُكتور! أيه اللي خلّاك تِقول كِده؟"

"الإحْساس إنِّك اِتْولدْتي مِن جِديد ده بِيسمّوه هوَس أوْ mania و إنْتي جتْلِك النّوْبة دي و مش أوِّل مرة. جتْلِك لمّا كُنْتي بِتتْعصّبي و تِنْفِعْلي جامِد جِدّاً بِشكْل مِش طبيعي. و لما بِتبْقي كُلِّك حماس و حاسّة الدُّنْيا كُلّها سهْلة و لما قعدْتي فترْة بِتروحي تقْعُدي في كافيْه لِوَحْدِك تدخّني مَع إنّك مِش مُدخِّنة و لما الفترْة أوْ النّوْبة دي عدِّت مبقاش فيه اِحْتياج لِلتّدْخين."

الدُّكْتور كمِّل: "كذلِك العكْس. كُنْتي بِتْمُرّي بِنوْبةْ الاكْتِئاب لمّا كُنْتي على طول عايْزة تِنامي، مُرْهقة جِدّاً و مِش عارْفة تِنْجِزي حاجة، مُتوَتِّرة أَوْ قلْقانة."

بطّل كلام لِلحْظة و بعْد كِده قال: "متِقْلقيش من الbipolar. مع العِلاج و المُتابْعة تِقْدري تِتغلّبي عالنّوبات دي و تمارْسي حَياتك بِشكْل طبيعي."

رغْم صدْمِةْ الخبر و الحُزْن اللي ملى قلْبها إنها صاحْبِةْ المرض ده إلّا إنّها خرجت مِن عنْد الدُّكْتور و هيَّ بِتِتْنهِّد تنْهيدة كِبيرة مِلْيانة راحة.

"الحمْدُ للّه! أخيراً فهِمْت نفْسي و كُلّ حاجة بقِت واضْحة. ياه! أحمدك يا ربّ! أخيراً!"

"Impossible, Doctor. What made you say that?"

"The feeling that you've been born anew is called mania (or 'mania'), and this episode has befallen you, and it's not the first time. It comes to you when you get mad or severely overreact in an unnatural way. And when you're filled with enthusiasm and feel that everything is easy and when you spend some time going to the coffee shop on your own to smoke, even though you're not a smoker. Once this period or this attack passes, there is no need for smoking anymore."

The doctor continued, "The same is true for the opposite. You would experience a depressive episode when you always wanted to go to sleep, very exhausted, and unable to do anything, or when you're anxious, or worried."

He paused for a second and then said, "Don't worry about [being] bipolar, though. With the right treatment and monitoring, you'll be able to overcome these episodes and lead a normal life."

Despite the shock of the news and the sadness which filled her heart that she was the carrier of this illness, she left the doctor's office as she sighed a big sigh of relief.

Praise be to God, I finally understand myself, and everything has become clear. Oh, I thank you, Lord, finally!

Arabic Text without Tashkeel

For a more authentic reading challenge, read the story without the aid of diacritics (tashkeel) and the parallel English translation.

"صح النوم! تشطيب الحوض عليكي النهارده." صوت نور أخت شيريهان و هي بتصحيها.

شيريهان صحيت و راحت قايلة: "يادي الحكاية! مش قادرة خالص... عشان خاطري شطبي بدالي. هسلفك الفستان اللي عجبك بتاعي."

"لو كده ماشي بس بكره هيبقى الدور عليكي بدالي."

"لما يبقى ييجي بكره يا نور."

أنا شيريهان و عندي ٣٠ سنة. كنت دايما و أنا في العشرينات بقول لنفسي لما أوصل ل٣٠ هكون اتجوزت و خلفت عيل أو اتنين... عايشة متهنية... بقبض فلوس كتير أوي في شغلي تخلي أكتر حاجة ممكن أحمل همها إني ألاقي طقم حلو ماركة ليا و لولادي.

آه... معايا فلوس أنزل أعمل شوپينج كل يوم أو يومين... مبسوطة أوي عندي واحدة تساعدني في الطبيخ و واحدة في التنضيف... ملكة في بيتي... متجوزة راجل وسيم بيحبني... لا بيموت فيا... بيجيبلي هدايا كل شوية و يدلعني و يفسحني.

"يا ترى سرحانة في أيه ده كله يا شيري؟"

"سرحانة في خيبتي يا نور."

بس آديني تميت ال٣٠ من أسبوع. جابولي تورتة و طفينا الشمع و بدال كل اللي اتمنيته بقيت بسمع 'عقبال ما تتجوزي... عقبال متخلفي... عقبال ما تحققي اللي تتمنيه!

محققتش حاجة... و مش بس كده... مش عارفة أعيش كويس و أعمل أبسط المهام اللي مطلوبة مني سواء في الشغل أو البيت... حاجة حقيقي تحزن.

نور شطبت الحوض و جهزت نفسها عشان تخرج... بفستاني طبعا اللي ما صدقت إني سلفتهولها و أنا قاعدة أهو أتحسر على نفسي. هكمل حسرة أهو بس أقوم أعملي كوباية نسكافيه الأول أهو تسليني شوية."

بعد شوية، مامة شيريهان دخلت عليها الأوضة بعد ما شيريهان عملت النسكافيه و دخلت أوضتها.

"يا بنتي يا حبيبتي، الله يهديكي مش هتبطلي كسل بقى؟"

"يا مامي، ده مش كسل."

"أمال إسمه أيه؟ إنتي بالعافية بتقومي من السرير و بتعملي كل حاجة بتذمر أو مبتعمليهاش أصلا زي ما خليتي أختك تشطب الحوض بدالك."

"ما أنا عارفة يا مامي، بس مش فاهمة أنا ليه كده. مش حاسة إن ده كسل أو دلع ... فيه حاجة مش مظبوطة فيا."

"يا بنتي، ليه بتقولي كده؟ حاجة أيه بس بعد الشر عليكي. إنتي طويلة و زي القمر و أي واحد يتمناكي."

قالت شيريهان بسخرية: "مهو باين يا مامي!"

"ما هو كله في إوانه إن شاء الله. و هتبقي زي الفل. أنا مش قصدي أقولك حاجة وحشة بس أنا عايزة أشوفك مبسوطة و نشيطة. إنتي لسه صغيرة أوي على إنك تبقي عاملة زي العواجيز من دلوقتي. على طول يا نايمة يا مكسلة تعملي حاجة... ده حتى شغلك ساعات مبتروحيهوش و خايفة يرفدوكي كده يا بنتي... عشان خاطري خلي بالك."

"ما أنا مش عارفة أخلي بالي إزاي، يعني أعمل أيه؟"

بصوت أكتر جدية مامتها قالت: "يعني تصحصحي كده و تشوفي مصلحتك. بلاش استهبال و قومي يلا حضري معايا الأكل."

"لأ مش قادرة بجد. حاسة بإرهاق فظيع يا مامي."

طب تحبي أخدك نروح نشوف دكتور؟ بس هيكون دكتور أيه يا ترى؟"

نور رجعت من بره و سمعت آخر كلامهم و قالت بصوت عالي: "نفسي... دكتور نفسي."

"ليه؟ هو أنا مجنونة عشان أروح عند دكتور نفساني؟ أهو ده اللي ناقص!"

"يا جاهلة، لأ! إنتي بس عشان مبتقريش و مش دريانة بالدنيا. الطب النفسي دلوقتي بقى من أقوى تخصصات الطب في العالم و الدراسات بتقول واحد كل أربع أشخاص بيعاني من مرض نفسي ما. إنتي ممكن تكوني واحدة منهم. و ممكن يكون ده مأثر على أدائك في كل حاجة."

فكرت الأم و بعدين قالتلها: "أختك كلامها مش وحش. جربي، مش هتخسري حاجة."

"بس أنا معيش فلوس كفاية أروح لدكتور نفسي. هتسلفيني يا مامي؟"

"لأ يا حبيبتي! ده في المشمش! بطلي تصرفي فلوسك على قهوة ستاربكس و أي كلام فاضي و إنتي هيبقى معاكي فلوس. أنا هقوم بقى يا بنات. يادوبك أعمل الأكل."

ردت نور بسرعة: "أنا هغير هدومي يا مامي و آجي أعمل معاكي."

ردت وراها شيريهان بصوت حزين: "معلش، أنا آسفة يا مامي إني مش هقدر أساعد بس فعلا مرهقة جدا و حاسة إني مش عايزة أعمل حاجة غير النوم."

"ربنا يشفيكي و يعافيكي يا حبيبة قلب مامي."

❖ ❖ ❖

فات يومين و شيريهان مستنية تقبض المرتب. و قبضت و حجزت مع أول دكتور نفسي. كانت دكتورة إسمها شاهيناز.

جه معاد الدكتورة و كانت شيريهان في العيادة مستنية بره في الريسبشن لحد ما جه دورها.

اتنهدت تنهيدة و هي بتخبط عالباب و تمتمت في سرها: "يا رب" و دخلت.

رحبت بيها الدكتورة شاهيناز و سألتها و هي بتبص في ورقة الكشف: "شيريهان، مش كده؟"

"أه يا دكتورة" و قعدت بعدين قالت: "أنا شيريهان."

"عندك كام سنة يا شيريهان؟ و بتشتغلي أيه؟"

"لسه تامة تلاتين سنة من أسبوع و شغالة موظفة في بنك الاتحاد."

"كل سنة و إنتي طيبة! ما شاء الله شغالة في بنك و على كده بتقبضي مرتب كويس؟"

"مش أوي بصراحة. بقبض خمستلاف بس بيطيروا هوا و معرفش في أيه."

"أيه شكوتك يا شيريهان؟"

شيريهان و هي بتعيط جامد: "تعبانة كده على طول. مليش نفس في حاجة. ساعات ببقى كلي طاقة و حيوية بس بحطهم كلهم في الكلام مع نفسي و باقي الوقت بيبقى مفيش طاقة خالص و عايزة أنام على طول."

"اهدي بس يا حبيبتي. هو ممكن يكون اكتئاب. هناخد الدوا ده و تيجيلي الأسبوع الجاي نشوف أيه الأخبار."

بتكتب الدوا في الروشتة و تديه لشيريهان. "نورتيني و إن شاء الله هتبقي كويسة، متخافيش."

شيريهان خرجت و راحت تشتري الدوا و هي محبطة إن الدكتورة قالتلها ممكن تبقى عندها مرض الاكتئاب.

شيريهان في سرها: "اكتئاب أيه بس؟ يا صغيرة ع الهم يا لوزة!"

❖   ❖   ❖

الدوا في الأول خلى شيريهان مش حاسة بإرهاق طول الوقت، بس مفعوله مستمرش كتير، و رجعت تحس إنها زي ما كانت.

فات أسبوع و جه المعاد إنها تروح للدكتورة تاني.

خبطت شيريهان و دخلت و الدكتورة سألتها: "إزايك يا شيريهان؟ شكلك أحسن النهارده."

"شوية، الحمد لله بس لسه التركيز ضعيف و النشاط أول كام يوم حسيته كويس و بعدين رجعت تاني زي ما أنا."

"يبقى نزود الجرعة. خدي الدوا ب١٠ مج بدال ٥ مج و تعاليلي بعد أسبوعين، يكون بان مفعوله."

"بس دكتورة، أنا حاسة إني عايزة أتكلم كمان مش بس أخد الدوا."

"هكتبلك على دكتور كويس تاخدي عنده جلسات." و كتبت إسم الدكتور ع الروشتة و رقمه و عنوانه.

"متشكرة جدا يا دكتورة." و راحت الريسبشن تتحسر على الميتين جنيه كشف لتاني مرة... 'ما هما للأسف معندهمش استشارة و كده أنسى قهوة ستاربكس و الجو اللي بتخلقه القهوة من أول ما أستلمها لحد ما أخلصها و أرميها. أخليني في نسكافيه من البيت و خلاص.'

شيريهان كلمت الرقم و لقت الدكتور عنده معاد دلوقتي فا قررت تروح على طول و ركبت عربيتها و انطلقت.

وصلت العيادة و كانت فاضية فا فرحت بحظها الحلو و دخلت عالدكتور على طول بعد ما ملت ورقة بتفاصيلها.

"الدكتور باسم راجل قصير و شكله لسه صغير و مشافش الدنيا و معندوش خبرة كافية." دي كانت أول انطباعات شيريهان عنه و مستريحتش لكده.

الدكتور باسم و هو بيبص في الورقة: "أهلا شيريهان. اتفضلي اقعدي. خير؟"

"دكتورة شاهيناز قالتلي على حضرتك و أنا لسه جاية من عندها. هي شخصتني إني عندي اكتئاب و أنا قلتلها حاسة إني مش عايزة آخد دوا بس. عايزة أتكلم كمان."

رد الدكتور و قالها: "اتفضلي!"

"كنت عايزة أسأل حضرتك الأول، هو حضرتك بتدي أدوية كمان ولا جلسات بس؟"

"لأ، أنا مش طبيب نفسي عشان أدي أدوية. أنا معالج أو بيسموها بالإنجليزي (therapist). و أقدر أشوف معاكي مشاكلك النفسية و أساعدك على حلها."

"أنا عندي مشكلة إني مرهقة طول الوقت و ده مأثر على أدائي في الشغل و البيت و كله."

"عملتي تحاليل ڤيتامين د قبل كده؟ جايز تكون سبب الإرهاق ده؟"

"عملت كل حاجة ممكنة يا دكتور. تحليل ڤيتامين د و غدة كمان و النتايج كويسة."

"طيب، إمتى بتحسي بنشاط؟"

"ساعات أول ما بصحى بحس بحيوية و نشاط جامد لدرجة مش ببقى قادرة أقعد ع المكتب و أركز كويس و بقضيها في خيالي إني بتكلم مع الناس لحد ما النشاط يروح و يتبدل بخمول و مبقاش أنجزت أي حاجة."

"بتكلمي نفسك يعني... بتحركي بقك و إنتي في الخيال أكنك بتكلمي حد فعلا؟"

"آه يا دكتور."

"طيب إحنا دلوقتي عايزينك في فترة النشاط تنجزي حاجة بدال ما تكلمي نفسك."

"ما أنا مش عارفة أعمل كده."

"ما أنا هقولك. كل يوم الصبح تصحي تقولي لنفسك أنا جميلة، أنا زي الفل، أنا هقدر أنجز و مكلمش نفسي. قولي كل واحدة من دول خمس مرات. و احضني نفسك."

شيريهان و وشها مليان علامات تعجب. "أحضن نفسي؟"

"أيوه طبعا، و احتويها كده و كل يوم تدي اللي حواليكي حضن... ١٥ حضن في اليوم... بابا، ماما، إخواتك، كده."

بنبرة فيها سخرية: "طب و لو منجزتش حاجة بعد ما أعمل كل ده؟"

"ساعتها تيجيلي. جربي كده أسبوع و تعالي."

"طيب أنا عايزة أحكي مشاكل تانية بالتفصيل."

"المرة الجاية عشان وقت الجلسة خلص."

شيريهان خرجت و خدت معاها حبة إحباط حلوين ع ال٣٠٠ جنيه اللي اترموا حرفيا في الأرض و كانوا يعملوا ١٠ كوبايات قهوة يعني ١٠ أيام ضاعوا.

شيريهان في سرها: "أيه الكلام الفارغ بتاعه ده؟ منه لله... دفعني فلوس قد كده الحرامي عشان يقولي حبي نفسك و احضنيها! أنا مش هروحله تاني أبدا!"

الشمس بدأت تغرب و بعد يوم طويل محبط، روحت البيت و غيرت هدومها و اتغدت. بعدين عملت نسكافيه و لقت مامتها و أختها مستنيينها عشان تحكيلهم اللي حصل.

"عملتي أيه؟ طمنيني!"

"معملتش حاجة يا مامي. الدكتورة إدتني رقم معالج طلع بيهزر و مش فاهم حاجة..." و قعدت تحكيلها اللي حصل.

وبعدين قالت: "أنا مش هروحله تاني ولا هو ولا أي دكتور نفسي و هبطل الدوا و مش همشي في السكة دي خلاص."

وقفتها نور بسرعة و قالتلها: "استني بس... واحدة صاحبتي بتروح لدكتور شاطر جدا. هو طبيب نفسي و معالج في نفس الوقت و كبير في السن. محترم و اللي بيروحوله بيجيب معاهم نتيجة كويسة أوي و أنا كلمتهم و حجزتلك بكرة."

"مامة شيريهان و هي مبسوطة بعرضها: "و أنا هديكي فلوسه عشان متتضايقيش من اللي حصل النهارده. يلا فرفشي كده و تعالي ننزل كلنا نغير جو و ناكل آيس كريم و نعمل شوية شوپينج و كل واحدة فيكو تنقي حاجة و أنا هشتريهالها."

شيريهان و نور بيتنططوا بحماس. "بجد يا مامي؟"

"آه بس متكونش أكتر من ٢٠٠ جنيه."

مبقوش متحمسين أوي زي الأول بس برضه اتبسطوا و خرجوا كلهم و قضوا يوم جميل. و رجعوا البيت بالهدايا بتاعتهم و جه وقت النوم. شيريهان راحت تنام و نفسيتها كويسة و هي متفائلة إن بكره هيكون أحسن.

❖ ❖ ❖

استنت شيريهان دورها عند الدكتور زكريا و كانت عيادة زحمة جدا، بس ده مضايقهاش. فكرت ما دام كل الناس دي بتروح يبقى جايز يكون كويس فعلا.

"و الكشف كان ب١٠٠. يا بختك يا مامي! مش هتدفعي كتير!"

جه دورها بعد ساعة بحالها و دخلت كالعادة بعد ما ملت ورقة بمعلوماتها.

"السلام عليكم يا دكتور."

خد الدكتور زكريا آخر شفطة من الشاي و رد: "وعليكم السلام ورحمة الله وبركاته."

"أنا إسمي شيريهان." و قعدت على كرسي مكتب من اللي بيطلع و ينزل.

"بجد؟ مكنتش أعرف." طبعا بيتريق لإن الورقة قدامه.

"هههه... أنا عارفة يا دكتور إن حضرتك شايف ده من الورقة، بس أنا مش لاقية حاجة أقولها."

"أمال جيتي ليه؟"

"حياتي مش ماشية كويس يا دكتور. خايفة يكون عندي مرض اللي بيسموه bipolar ده. على طول مرهقة بس بييجي عليا وقت ببقى متحمسة أوي و نشيطة. تفتكر يا دكتور أنا عندي المرض ده، أبقى فوق و تحت؟"

"لأ، إنتي معندكيش bipolar. الكرسي هو اللي bipolar فوق و تحت."

ضحكت جامد و بعدين قالتله: "لأ بجد يا دكتور... بتكلم مع نفسي كتير. ساعات بحس إن الدنيا سهلة أوي و كل حاجة ممكن تتعمل في دقايق. و ساعات تانية كل حاجة بتبقى صعبة جدا و مش قادرة أقوم من السرير."

"و أيه يعني؟ ما تتكلمي مع نفسك. اعتبريها تسلية أكنك بتتفرجي ع التلفزيون."

"بس مبنجزش حاجة تقريبا في يومي سواء كنت مرهقة أو فيا شوية نشاط."

"ما إحنا هنمشي على علاج و هتيجيلي مرتين في الأسبوع في الأول عشان نتابع التقدم. إحنا هنمشي ع العلاج ده و نكمل على الدوا اللي إنتي ماشية عليه. هننقصه بالتدريج عشان مينفعش نشيله مرة واحدة."

"طب، أنا عندي أيه؟"

"عندك ٣٠ سنة!"

"هههه... لأ يا دكتور، عندي مرض أيه؟ أيه تشخيصي؟"

"مش مهم الإسم. المهم إننا نعالجه و ترجعي تعيشي حياتك و إنتي مبسوطة و بتنجزي."

"شكرا جدا يا دكتور. كده هشوف حضرتك يوم الأربع."

"إن شاء الله."

"ماشي، سلام عليكم يا دكتور!"

"وعليكم السلام ورحمة الله وبركاته! كمان حاجة... لما تتكلمي مع نفسك اكتبي اللي كنتي بتكلمي نفسك فيه."

"صعب أوي بس حاضر، هحاول."

العلاج الجديد كان أفضل في إن شيريهان مبقتش على طول قلقانة و مكتئبة. و الإنجاز بدأ يزيد شوية شوية، بس التحسن مكانش ملحوظ. بس هي ارتاحت للدكتور و تابعت معاه زي ما طلب.

فات تلات سنين و نص و هي حبة فوق و حبة تحت. الدنيا مش ماشية أوي بس متابعة الدكتور مساعداها شوية. و هي لسه بتتخبط ما بين قلق و اكتئاب و وسوسة و حماس و عصبية و الأهم من ده كله إنها لسه مش فاهمة نفسها ولا هي ليه كده. و حصل حاجات غريبة هنعرفها كمان شوية.

بس الجديد إن الشغل كان بدأ يتحسن شوية و ابتدت تتعرف على واحد معجب بيها و اتقدم لأهلها و قروا فاتحة.

في يوم بقى مكانتش نامت طول الليل لحد تاني يوم مطبقة. منامتش ولا ثانية و مش عارفة تنام خالص و نزلت اتمشت و مشت يومها و على بالليل نامت كويس جدا.

صحيت تاني يوم و هي حاسة كإنها اتولدت من جديد. كل حاجة واضحة و صافية. اتهيألها إنها خفت من القلق و خفت من كل اللي عندها. حست إنها خفيفة أوي و الحياة حلوة أوي.

جريت بفرح بره الأوضة و سلمت على كل اللي بره بحرارة. فيه هزار زايد في كلامها، ضحك كتير بدون لازمة.

نور بصوت مستعجل: "أنا محتاجة أنزل أشتري هدوم."

"جيبيلي معاكي يا نور!"

"طب ما تيجي معايا عشان تختاري اللي يعجبك."

"لأ، أي حاجة من ذوقك هتبقى جميلة."

"طب هاتي الفلوس."

"فلوس أيه يا حبيبتي؟ إنتي سخنة ولا كويسة؟"

"سخنة!؟ مالك يا شيريهان؟ هزارك و كلامك غريب النهارده، و فرحانة أوي كده من غير سبب. أنا بقولك إديني فلوس الحاجة اللي عايزاني أشتريهالك."

"هههه! هو أنا عارفة إنتي هتشتري أيه عشان أديكي تمنه؟"

"خلاص يبقى تعالي معايا عشان أنا اللي معايا يادوب قد اللي هشتريه."

"و ماله؟ آجي! سهلة اهي! هههه!"

مامتها و أختها بيبصوا لبعض باستغراب. شيريهان بتضحك آه و مش مرهقة بس مش طبيعية برضه... زي ما تكون مهيبرة كده.

وسط اليوم شيريهان قررت تكلم دكتور زكريا تحكيله و هي فاكرة إنها خلاص بقت كويسة. "دكتور، أنا حاسة إني اتولدت من جديد، مش قلقانة من حاجة. حاسة الناس اللي حواليا هي اللي بقت قلقانة أكتر مني. حاسة الدنيا سهلة و بسيطة و كل حاجة ممكن تتحل بمنتهى السهولة."

الدكتور زكريا قالها: "عايزك تروحي فورا لدكتور محمد. آدي رقمه. و هو هيبقى موجود بالليل في نفس العيادة. و الموضوع ده ضروري جدا يا شيريهان."

فجأة شيريهان مبقتش فاهمة أيه سبب الجدية دي و ابتدت تتضايق من رد فعل اللي حواليها.

❖ ❖ ❖

راحت بالليل للدكتور محمد اللي قال عليه دكتور زكريا و حكتله كل حاجة.

بمنتهى الثقة رد الدكتور و قالها: "إنتي عندك bipolar."

شيريهان اتصدمت. كتير شكت إن ممكن يكون عندها المرض الصعب ده، بس كانت دايما بترجع تقول أكيد لأ و تسأل اللي حواليها عشان بس يأكدوا عليها إن لأ.

"مستحيل يا دكتور! أيه اللي خلاك تقول كده؟"

"الإحساس إنك اتولدتي من جديد ده بيسموه هوس أو mania و إنتي جتلك النوبة دي و مش أول مرة. جتلك لما كنتي بتتعصبي و تنفعلي جامد جدا بشكل مش طبيعي. و لما بتبقي كلك حماس و حاسة الدنيا كلها سهلة و لما قعدتي فترة بتروحي تقعدي في كافيه لوحدك تدخني مع إنك مش مدخنة و لما الفترة أو النوبة دي عدت مبقاش فيه احتياج للتدخين."

الدكتور كمل: "كذلك العكس. كنتي بتمري بنوبة الاكتئاب لما كنتي على طول عايزة تنامي، مرهقة جدا و مش عارفة تنجزي حاجة، متوترة أو قلقانة."

بطل كلام للحظة و بعد كده قال: "متقلقيش من الـ bipolar. مع العلاج و المتابعة تقدري تتغلبي عالنوبات دي و تمارسي حياتك بشكل طبيعي."

رغم صدمة الخبر و الحزن اللي ملى قلبها إنها صاحبة المرض ده إلا إنها خرجت من عند الدكتور و هي بتتنهد تنهيدة كبيرة مليانة راحة.

"الحمد لله! أخيرا فهمت نفسي و كل حاجة بقت واضحة. ياه! أحمدك يا رب! أخيرا!"

Egyptian Arabic Readers Series

www.lingualism.com/ear

Lingualism
Egyptian
Arabic
Readers
lingualism.com/ear

Egyptian Arabic Reader
كإنيّ ببُصّ في المِرايَة
Like Looking in a Mirror
by Nourhan Sabek

لعْنةْ الأسْكنْدر
Alexander's Curse
by Mostafa Abdel Nasser
Egyptian Arabic Reader

جيتار الحُبّ
The Guitar of Love
by Mohamed Sobhy
Egyptian Arabic Reader

Egyptian Arabic Reader
جَوازي صالوْنات
My Arranged Marriage
by Nourhan Sabek

Egyptian Arabic Reader
سِرّ النّجاح
The Secret of Success
by Mohamed Sobhy

Egyptian Arabic Reader
ميدان التّحْرير
Tahrir Square
by Mohamad Osman

أحْلام صامْتة
Silent Dreams
by Nourhan Sabek
Egyptian Arabic Reader

Egyptian Arabic Reader
الصّيّاد و العُمْلة المعْدنية
The Fisherman and the Coin
by Mohamed Sobhy

ديْل الكَلْب مُمْكِن يِتْعِدِل
A Dog's Tale
by Mohamad Osman
Egyptian Arabic Reader

Egyptian Arabic Reader
الصّداقة وَلّا الحُبّ؟
Friendship or Love?
by Nourhan Sabek

Egyptian Arabic Reader
الدّجّال
The Charlatan
by Mohamed Sobhy

شيريهان
Sherihan
by Sheimaa Tarek
Egyptian Arabic Reader

Egyptian Arabic Reader
أمل
Hope
by Nourhan Sabek

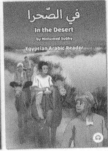

في الصّحرا
In the Desert
by Mohamed Sobhy
Egyptian Arabic Reader

المومْيا
The Mummy
by Mohamad Osman
Egyptian Arabic Reader

28291497R00036